Marc Ezrati & Frédéric Fougerat

Copropriété

50 questions essentielles

Éditions Bréal

ISBN : 978 2 7495 5043 5

Sommaire

Introduction 7

1. L'ESSENTIEL SUR LA COPROPRIÉTÉ 9

Qu'est-ce qu'une copropriété ? 13

À quoi sert un syndic ? 15

Quelle différence entre parties communes et parties privatives ? 17

Pourquoi est-il obligatoire d'immatriculer sa copropriété ? 19

Quelles sont les missions d'un syndic ? 21

Qu'est-ce que le conseil syndical ? 23

Qu'est-ce qu'un syndicat de copropriétaires ? 25

Le règlement de copropriété : à quoi sert-il ? 27

Lors d'un changement de syndic quels sont les délais de passation ? 29

Quels documents le syndic doit-il fournir au notaire lorsqu'on vend son appartement ? 31

Une enseigne commerciale apposée sans autorisation sur un immeuble peut-elle, avec le temps, devenir un droit acquis ? 33

Quand on achète dans le neuf, est-ce une bonne idée de gérer son immeuble en syndic bénévole ? 35

Une plateforme de gestion peut-elle vraiment remplacer un syndic ? 37

Lors d'une crise qui oblige à rester confiné chez soi ou à respecter un couvre-feu, peut-on aller prendre l'air dans la cour de son immeuble ou y laisser jouer ses enfants ? 39

Accessibilité des logements : quoi de neuf dans le neuf ? 41

Comment se crée une copropriété dans un immeuble neuf ? 43

Dans le cas de la vente d'un bien en copropriété, quelles informations fournir à l'acheteur ? 45

Quelles sont les assurances auxquelles doivent souscrire les copropriétés ? 49

2. L'ESSENTIEL SUR LES CHARGES DE COPROPRIÉTÉ 51

À quoi servent les charges payées par les copropriétaires ? 55

Quelles sont les charges de copropriété ? 57

Comment modifier la répartition des charges de copropriété ? 59

L'appel de fonds, c'est quoi ? 61

Quelle est la différence entre appel de provisions et charges de copropriété ? 63

Comment se décide la répartition des charges ? 65

Comment s'y retrouver entre appel de fonds, charges, et honoraires du syndic ? 67

En cas de décès sans héritier, comment faire pour récupérer les charges et impayés d'un copropriétaire ? 69

En période de crise, pourquoi faut-il continuer à payer ses charges de copropriété ? 71

Pour payer ses charges, est-on obligé de payer en ligne ? 73

Qui paie les charges de la dernière assemblée générale avant la vente d'un bien ? 75

3. L'ESSENTIEL SUR LES ASSEMBLÉES GÉNÉRALES DE COPROPRIÉTÉ 77

Comment bien préparer une assemblée générale de copropriété ? 81

Comment établir l'ordre du jour de l'assemblée générale des copropriétaires ? 85

Le procès-verbal, à quoi ça sert ? 87

Pourquoi la mise en œuvre des décisions prises en assemblée générale paraît-elle parfois longue ? 89

Pendant une crise, comment préparer une assemblée générale avec son syndic ? 91

Comment participer à l'assemblée générale des copropriétaires en cas d'absence ? 93

4. L'ESSENTIEL SUR LES TRAVAUX EN COPROPRIÉTÉ 95

À quoi sert le carnet d'entretien de l'immeuble en copropriété ? 99

Comment utiliser MaPrimeRénov' en copropriété ? 101

Comment protéger sa copropriété contre les virus ? 103

Face aux abus dans les prestations de désinfection des immeubles, que faire ? 105

Que faire en cas de dégât des eaux ? 109

Le syndic peut-il se passer de l'accord des copropriétaires pour effectuer des travaux urgents ? 111

En période de crise, de nombreuses questions se posent à propos des interventions quotidiennes ou d'urgence dans les immeubles. Qu'en est-il ? 113

Pour effectuer des travaux dans mon immeuble, dois-je faire un repérage amiante ou pas ? 115

5. L'ESSENTIEL SUR LES NUISANCES DE VOISINAGE 117

Quelle différence entre un tapage diurne et un tapage nocturne ? 121

Ai-je le droit, dans mon immeuble, d'accrocher du linge à ma fenêtre ou à mon balcon ? 123

Le chien de la voisine aboie tout le temps. Que faire ? 125

Que se passe-t-il face à un stationnement gênant en copropriété ? 127

Comment gérer des encombrants abandonnés dans une copropriété ? 129

Que risque-t-on vraiment en cas de dépôt sauvage d'ordures ménagères ? 131

Peut-on empêcher un copropriétaire de faire des travaux le dimanche ? 133

Introduction

La copropriété, vaste sujet ! Près de 10 millions de Français vivent aujourd'hui en copropriété, surtout dans les grandes agglomérations. La copropriété, c'est avant tout une communauté de copropriétaires qui vivent dans une même résidence ou un même ensemble d'immeubles. De toutes tailles, les copropriétés peuvent compter de deux à plusieurs centaines de lots, et plus il y a de copropriétaires, plus il y a de problèmes et de conflits à gérer ! La copropriété, c'est une collectivité qui édicte des règles que chacun doit respecter pour mieux vivre ensemble. Le monde n'est pas parfait, on le sait, d'où la nécessité, lorsqu'on vit en copropriété, de bien s'organiser ensemble également.

Dans cet ouvrage, nous vous apportons les clés pour bien comprendre ce que veut dire « vivre en copropriété ». Nous l'avons découpé en cinq parties distinctes : la copropriété et son organisation, les charges de copropriété, les assemblées générales de copropriété, les travaux en copropriété et enfin les relations et nuisances de voisinage. Avec, pour chaque partie, les questions essentielles à se poser. Nous vous livrerons les informations et conseils pour vous accompagner de façon pratique.

Marc Ezrati & Frédéric Fougerat

1

L'essentiel sur la copropriété

On pourrait croire que la copropriété est une notion vieille comme le monde. Pas du tout ! Retour sur la petite histoire de ce modèle d'habitation. Il fut un temps, surtout dans les grandes villes, où chaque propriétaire d'un immeuble à plusieurs étages gérait seul les travaux de son propre étage. Nous étions alors sous l'Ancien Régime et on ne parlait pas de parties communes. C'était un peu le règne du « chacun pour soi » ! Au XIXe siècle, et plus particulièrement au moment de la révolution industrielle, les immeubles collectifs poussent comme des champignons, le visage de nos villes se transforme. Dans les immeubles, les équipements communs se multiplient. On y voit arriver l'eau courante ou encore les systèmes de chauffage collectif. Avec le développement de ces services partagés, les propriétaires des immeubles sont obligés de s'entendre pour entretenir ces nouveaux équipements : c'est l'âge d'or des concierges qui font leur apparition ! Plus tard, il faudra encore organiser la livraison de charbon pour faire fonctionner les chaudières. Il faudra attendre 1938 pour que les autorités créent le premier statut de la copropriété des immeubles divisés en lots. Ainsi, dès la fin des années 1930, les propriétaires sont invités à se regrouper au sein d'un syndicat qui dispose d'un règlement intérieur définissant l'organisation de la copropriété. Après la Seconde Guerre mondiale, la construction de nombreux grands immeubles qui nécessitent la création d'ascenseurs s'est développée sur l'ensemble du territoire. Ainsi, il est devenu impératif de se doter d'un arsenal juridique complet afin d'encadrer les copropriétés avec la promulgation de la loi du 10 juillet 1965 fixant le statut de la copropriété des immeubles bâtis et son décret d'application du 17 mars 1967.

Aujourd'hui, les logements en copropriété représentent 9,7 millions de logements, soit 28 % du parc total français contre seulement 20 % il y a trente ans. La quasi-totalité des lots en copropriété sont des appartements et plus de la majorité se situent dans les grandes agglomérations. 30 % des copropriétés françaises se situent même dans la seule région parisienne.

Qu'est-ce qu'une copropriété ?

La copropriété est une forme d'habitat collectif qui régit l'organisation de tout immeuble. Son rôle et ses missions sont définis *via* le règlement de copropriété.

La copropriété est régie par la loi du 10 juillet 1965. Cette loi régit l'organisation de tout immeuble, répartie en lots (appartements, bureaux, commerces). Cette forme existe dès lors qu'un immeuble est divisé entre au moins deux copropriétaires différents.

La loi du 10 juillet 1965 définit :

- les parties privatives réservées à l'usage exclusif d'un copropriétaire et les parties communes affectées à l'usage de la collectivité ou de certains de ses membres ;
- les droits accessoires aux parties communes ;
- et surtout la notion de lot constitué d'une partie privative et d'une quote-part des parties communes indivisiblement réunies.

La copropriété est fondée sur un acte, le règlement de copropriété, et sur la réunion des copropriétaires en un groupement, le syndicat. Un représentant, le syndic de copropriété, est désigné pour gérer son fonctionnement et son entretien, en collaboration avec le conseil syndical.

À quoi sert un syndic ?

Même pour les copropriétaires, le rôle du syndic n'est pas toujours très clair. Quels sont ses pouvoirs ? Quelles sont ses responsabilités ? Comment travaille-t-il ? Que fait le syndic pour les honoraires qui lui sont versés ?

Pour qu'une copropriété fonctionne, il faut que trois parties collaborent harmonieusement : le syndicat des copropriétaires (rassemblant tous les propriétaires de lots dans l'immeuble), le conseil syndical (composé de copropriétaires élus en assemblée générale pour suivre la gestion de l'immeuble), et le syndic, qui est la personne ou l'entreprise mandatée par le syndicat pour assurer la gestion de l'immeuble au quotidien (administration, conservation, garde, entretien...).

D'un point de vue technique, le syndic applique les décisions votées lors de l'assemblée générale des copropriétaires : passage des ordres de mission, signature des contrats de fourniture, commande, suivi et réception des travaux, modification du règlement de copropriété, souscription des polices d'assurance, mise en œuvre des procédures judiciaires... Il ne décide rien seul, sauf en cas d'urgence (travaux conservatoires nécessaires à la sauvegarde de l'immeuble, par exemple). Bien sûr, le syndic envoie également les appels de fonds trimestriels, afin de collecter les provisions correspondant au budget voté en assemblée générale, qui permet de couvrir les charges de la copropriété, y compris les honoraires du syndic. Plus l'immeuble est grand, plus il y a de contrats, d'équipements ou de prestataires, plus la part des honoraires du syndic dans ces charges est faible.

Un métier qui s'apparente à une vocation, avec des journées bien remplies qui se suivent mais ne se ressemblent pas, quelques urgences et beaucoup d'humain pendant les visites d'immeubles. En effet, grâce à la dématérialisation des dossiers et aux outils numériques nomades, un syndic est le plus souvent sur le terrain pour constater, expliquer, et rassurer. Pour bien gérer une copropriété, il faut en prendre soin comme si on y habitait !

Quelle différence entre parties communes et parties privatives ?

Cette question concerne tous les habitants d'une copropriété, qu'ils soient propriétaires ou locataires. Et, évidemment tout acheteur, au moment de l'acquisition d'un bien. Elle se pose dans une copropriété, dès lors qu'elle est divisée au minimum en deux lots, appartenant à deux propriétaires distincts. Dans le cas contraire, il n'y a pas copropriété, donc tous les espaces sont privés.

La définition entre parties privatives et parties communes est très simple, mais dans la pratique, c'est parfois plus compliqué. Sont privatives les parties des bâtiments et des terrains réservés à l'usage exclusif d'un copropriétaire ou d'un locataire. C'est par exemple le cas de votre logement, d'une cave, d'un balcon ou d'un jardin dont l'accès se fait exclusivement par votre appartement et qui figure dans votre acte de vente. À l'inverse, les parties communes sont celles qui ne sont pas réservées à l'usage exclusif d'un copropriétaire ou d'un locataire. Ce sera le cas des accès extérieurs de la copropriété, des couloirs et circulations au sein d'un immeuble, ou du local poubelle.

Cela devient plus compliqué quand on parle de cloisons. Par exemple, une cloison intérieure, non comprise dans le gros œuvre, qui n'est donc pas ce qu'on appelle un mur porteur, est bien une partie privative, et vous pouvez la supprimer ou la modifier en faisant des travaux chez vous. Alors qu'un mur porteur est une partie collective du bâtiment, bien qu'il traverse votre habitat, et vous ne pouvez pas en disposer comme vous l'entendez.

La question des terrasses ou des jardins peut être sujette à confusion. En effet, un règlement de copropriété pourra par exemple prévoir que le jardin d'un immeuble est une partie commune, mais qu'il n'est pas autorisé d'accès, se limitant à un agrément visuel. Il profitera donc directement aux résidants du rez-de-chaussée, sans que ce soit pour eux une partie privative, sans qu'ils puissent eux-mêmes y accéder.

Le règlement de copropriété doit donc être précis, comme l'acte de vente d'un bien, pour clairement définir les parties privatives et les parties communes d'une copropriété.

Pourquoi est-il obligatoire d'immatriculer sa copropriété ?

En France, les copropriétés ont l'obligation d'être immatriculées dans un registre national d'immatriculation pour faciliter la connaissance de l'état des copropriétés. C'est l'ANAH, l'Agence nationale de l'habitat, qui a la responsabilité de conserver ces données. Ces données renseignées dans ce registre national permettent notamment à des professionnels et à des particuliers d'accéder à des statistiques et à un annuaire des copropriétés. Ce registre national permet aux syndics de copropriétés d'établir chaque année la fiche synthétique de chaque copropriété gérée.

Qui est concerné ? L'obligation d'immatriculation concerne tous les immeubles à destination, totale ou partielle, d'habitation.

Qui procède à l'immatriculation ? C'est votre syndic de copropriété qui doit procéder à l'immatriculation de la copropriété sur le registre de l'Agence nationale de l'habitat.

La déclaration initiale exige notamment de fournir des données d'identification du syndicat de copropriétaire (nom, adresse, date de création du syndicat des copropriétaires, nombre et nature des lots de copropriété, nom du syndic...), des données financières (exercice comptable, montant du budget prévisionnel, provisions pour travaux, dettes du syndicat à l'égard des fournisseurs et impayés...), des données sur le bâti (désignation d'un mandataire *ad hoc* ou d'un administrateur provisoire, existence de mesures de sauvegarde...).

Chaque année, le syndic est tenu d'actualiser les informations. Par exemple, la mise à jour des données financières doit être faite dans les deux mois suivant la tenue de l'assemblée générale au cours de laquelle les comptes de l'exercice clos ont été approuvés. Si le travail d'immatriculation initiale est facturé par votre syndic, les mises à jour annuelles sont, elles, intégrées, dans ses honoraires de bases. Enfin, l'absence d'immatriculation ou de mise à jour des données peut entraîner une astreinte de 20 € par lot de copropriété, par semaine de retard.

Quelles sont les missions d'un syndic ?

Le syndic est l'organe d'administration de la copropriété, mandataire du syndicat, il n'est pas employé par la copropriété : il la représente de manière indépendante. En parallèle, il doit rendre compte de sa gestion. D'une manière générale, il a l'obligation légale de conserver l'immeuble et de veiller au respect de son RCP (règlement de copropriété) : cela induit un devoir de conseil et d'information. Il assure l'exécution des décisions d'assemblées générales, c'est-à-dire qu'il commande des travaux, les suit et les réceptionne, met en œuvre des procédures judiciaires, procède aux modifications du RCP… Il assure, de manière générale, le respect du règlement de copropriété. Il administre l'immeuble, assure sa conservation, sa garde et son entretien, passe les ordres de mission, assure les visites d'immeubles, le suivi des travaux, signe les contrats de fourniture et, en cas d'urgence, engage les travaux conservatoires nécessaires à la sauvegarde de l'immeuble (notion d'urgence). Il souscrit les polices d'assurance de l'immeuble, engage et congédie le personnel et fixe les conditions de travail. Il représente le syndicat des copropriétaires dans les actions en justice, les actes civils et pour la publication de l'état descriptif de division ou des modificatifs au règlement de copropriété. Pour les procédures judiciaires, il doit nécessairement obtenir une autorisation de l'assemblée générale à laquelle il rendra compte. Par exception, il n'a besoin d'aucune autorisation préalable pour les actions en recouvrement de créance (sauf saisie), les assignations en référé ainsi que les procédures en défense.

La responsabilité du syndic

Il est responsable contractuellement à l'égard du syndicat des copropriétaires s'il n'exécute pas les décisions d'assemblée générale, s'il exécute seul une décision qui exigeait une autorisation, s'il ne convoque pas l'assemblée générale. Il peut également être pénalement responsable en cas de détournement de fonds, d'abus de confiance, de non-souscription d'assurances obligatoires.

Le contrat de syndic

Les honoraires du syndic sont librement négociés en assemblée générale. Sa rémunération varie entre les prestations courantes et les prestations particulières. Depuis le décret n° 2015-342 du 26 mars 2015, tout contrat de syndic voté ou renouvelé après le 1er juillet 2015 devra respecter le modèle type. Ce nouveau contrat définit dorénavant précisément ce qui relève des prestations de gestion courante ainsi que la liste limitative des prestations particulières pouvant donner lieu à un versement au profit du syndic d'une rémunération spécifique complémentaire.

Qu'est-ce que le conseil syndical ?

Le conseil syndical est désigné obligatoirement lors de l'assemblée générale, il assiste le syndic lors de ses missions de manière ponctuelle ou régulière. Depuis 1965, la loi a reconnu le caractère obligatoire de cet organe composé de copropriétaires désignés lors de l'assemblée générale de copropriété.

Les membres du conseil syndical sont désignés par l'assemblée générale de copropriété à la majorité des copropriétaires. S'ils souhaitent se présenter, ces derniers doivent faire acte de candidature : selon l'usage, cela peut se faire au moment de l'assemblée générale. L'élection des membres du conseil syndical se fait candidat par candidat.

Il n'y a pas de dispositions légales sur le nombre de conseillers syndicaux. La seule disposition de la loi concernant l'organisation du conseil syndical est celle de l'élection de son président en son sein. Le président est appelé à jouer un rôle important au sein de l'immeuble. Il lui appartient d'organiser les réunions du conseil syndical, de diriger les débats, d'assurer un lien avec le syndic et de dresser un rapport d'activité lors de l'assemblée générale annuelle.

Le conseil syndical assiste le syndic à sa demande. Il peut s'agir :

• d'aides ponctuelles : choix du personnel, de l'entreprise d'entretien ;

• d'aides régulières : surveillance de l'exécution des contrats (entretien des parties communes, maintenance des équipements, etc.), réception des entreprises en l'absence de gardien, présence aux visites de chantier en cas de travaux...

Cette mission peut être définie par le règlement de copropriété ou par l'assemblée générale car il n'existe aucune disposition particulière dans la loi.

Par contre, le conseil syndical ne peut se substituer ni au syndic ni à l'assemblée générale (exemples : interdiction de recouvrer les charges, de représenter le syndicat en justice, de gérer l'immeuble ou de prendre des décisions, etc.) et il doit rendre compte à l'assemblée générale par l'intermédiaire de son président, chaque année, de l'exécution de sa mission.

Qu'est-ce qu'un syndicat de copropriétaires ?

Le syndicat naît de plein droit à partir du jour où la propriété de l'immeuble est répartie entre plusieurs personnes par lots comprenant chacun une partie privative et la quote-part correspondante des parties communes. Sa durée d'existence est liée à celle de l'immeuble.

Ainsi, en cas de destruction, de transfert, de réunion de tous les lots au profit d'une seule personne, il peut disparaître. L'ensemble des copropriétaires est constitué d'un syndicat qui a la personnalité morale et qui est un organe obligatoire de la copropriété. Ainsi doté d'une personnalité morale, le syndicat dispose d'un patrimoine propre, de la capacité de contracter : engager du personnel (concierge), conclure des marchés de travaux, acquérir ou vendre. Le syndicat, comme toute personne morale, a le droit d'agir en justice comme demandeur et comme défendeur.

Le syndicat a pour objet la conservation de l'immeuble et l'administration des parties communes. Comme toute personne morale, il ne peut agir que par ses organes : l'assemblée générale, le syndic, le conseil syndical, entre lesquels s'opère une répartition de fonctions. Les parties privatives et les droits individuels des copropriétaires doivent être respectés par le syndicat des copropriétaires. Toutefois, le syndicat peut, sous certaines conditions, intervenir à l'intérieur des parties privatives et même sur certaines parties privatives. Le syndicat n'est pas propriétaire des parties communes et ne dispose que des pouvoirs de conservation et d'administration (voire d'amélioration). Le syndicat doit respecter et faire respecter le règlement de copropriété et notamment la « destination de l'immeuble ». À ce titre, il dispose d'un pouvoir d'administration en prenant l'ensemble des mesures indispensables à la maintenance de l'immeuble. Dans le cadre de ses pouvoirs de réglementation, il impose aux copropriétaires et occupants le respect des conditions de jouissance de l'immeuble

En ce qui concerne sa responsabilité, le syndicat « est responsable des dommages causés aux copropriétaires ou aux tiers par le vice de construction ou le défaut d'entretien des parties communes ».

Le règlement de copropriété : à quoi sert-il ?

Obligatoire, le règlement de copropriété est rédigé au moment de la construction de l'immeuble ou de sa mise en copropriété si elle est ultérieure. Il s'impose à tous les occupants, locataires ou propriétaires.

Il précise les droits et obligations de chacun. Le règlement de copropriété détermine les parties communes (halls, espaces verts, local à vélo), privatives (appartements, caves...) et communes, à jouissance exclusive (certaines terrasses, par exemple). Il fixe aussi leurs conditions d'utilisation : interdiction de suspendre du linge aux fenêtres ou d'entreposer des objets sur les balcons, respect de certains jours et plages horaires pour réaliser des travaux, etc. C'est aussi dans le règlement que l'on trouve des informations sur la destination de l'immeuble : par exemple, certaines activités commerciales peuvent être interdites ou limitées aux appartements du rez-de-chaussée.

Le règlement détermine l'organisation de la copropriété : il prévoit la répartition des charges entre les différents copropriétaires et la méthode de calcul pour établir la quote-part de chacun (pour les règlements rédigés depuis 2003). L'état descriptif de division est intégré (ou annexé) au règlement. Il répertorie l'ensemble des lots (logements, caves, parkings...) par numéro.

Le règlement de copropriété doit être remis à l'acquéreur lors de la signature de la promesse ou du compromis de vente. Le bailleur, quant à lui, doit communiquer à son locataire les extraits du règlement portant sur la destination de l'immeuble, la jouissance et l'usage des parties privatives et communes ainsi que sur la quote-part afférente au lot loué pour chacune des catégories de charges.

Au fil du temps, certains règlements nécessitent des aménagements. Lorsqu'il s'agit d'une simple adaptation aux évolutions législatives, la décision est prise en assemblée générale à la majorité de l'article 24 (majorité des voix des copropriétaires présents ou représentés à l'assemblée). Lorsque la modification du règlement de copropriété affecte la destination (par exemple, en autorisant des commerces au rez-de-chaussée), la jouissance ou l'usage des parties communes (supprimer l'interdiction de stationnement dans une cour commune...), elle doit être décidée à la double majorité de l'article 26 (majorité des copropriétaires représentant au moins deux tiers des voix). La répartition entre parties communes et privatives ne peut être modifiée qu'à l'unanimité des voix des copropriétaires ; tout comme la répartition des charges fixées par le règlement.

Lors d'un changement de syndic quels sont les délais de passation ?

Dans le cas d'un changement de syndic, les délais de transmission des documents de la copropriété varient en fonction de leur nature.

À remettre dans un délai de quinze jours à partir de l'arrêt des fonctions de l'ancien syndic :

• situation de trésorerie de la copropriété ;

• références des comptes bancaires du syndicat de copropriétaires et coordonnées de la banque.

À remettre dans un délai d'un mois, toujours à partir de l'arrêt des fonctions de l'ancien syndic :

• ensemble des documents et archives du syndicat de copropriétaires et ensemble des documents dématérialisés relatifs à la gestion de l'immeuble ou aux lots gérés, dans un format téléchargeable et imprimable. Lorsque le syndicat a fait le choix de confier ses archives à un prestataire spécialisé, il doit, dans ce délai d'un mois, informer le prestataire de ce changement en communiquant les coordonnées du nouveau syndic ;

• ensemble des documents contractuels ou techniques relatifs à l'immeuble (notamment le diagnostic technique global).

À remettre dans un délai de trois mois à partir de l'arrêt des fonctions du syndic sortant :

• état des comptes des copropriétaires et du syndicat, après apurement et clôture.

En l'absence de transmission dans les délais, le nouveau syndic ou le président du conseil syndical doit mettre en demeure l'ancien syndic de transmettre les pièces, informations et documents dématérialisés manquants. Cette mise en demeure doit être faite par lettre recommandée avec accusé de réception ou par lettre recommandée électronique ou remise contre récépissé ou émargement.

Si l'ancien syndic ne fait pas le nécessaire dans un délai de huit jours après la mise en demeure, le nouveau syndic ou le président du conseil syndical devra saisir le tribunal judiciaire, issu de la fusion du tribunal d'instance et du tribunal de grande instance. Le juge pourra alors prononcer la remise sous astreinte des pièces, informations et documents dématérialisés, et le versement de dommages et intérêts (éventuellement dus depuis la mise en demeure).

Source : service-public.fr

Quels documents le syndic doit-il fournir au notaire lorsqu'on vend son appartement ?

L'obligation d'information due à un acquéreur lors de la vente d'un lot de copropriété est strictement encadrée par la loi. Lors de la signature de l'avant-contrat ou de la vente définitive, un certain nombre de documents doivent lui être transmis. Ainsi, le syndic doit fournir au notaire chargé de recevoir l'acte un « état daté ». Ce document, demandé au syndic par le notaire ou par le copropriétaire vendeur, va permettre de renseigner l'acquéreur sur les charges dont il devra s'acquitter dès son entrée en jouissance.

Que contient l'état daté ?

• Les sommes restant dues par le vendeur : il s'agit principalement des provisions exigibles du budget prévisionnel ou hors budget prévisionnel. De manière générale, il s'agit de toutes les sommes exigibles au jour de la vente, dont le vendeur doit s'acquitter.

• Les sommes dont le syndicat peut être débiteur envers le copropriétaire vendeur : il s'agit principalement des avances de trésorerie, lesquelles doivent lui être en principe remboursées.

• Les sommes pouvant incomber au nouveau copropriétaire : les avances et provisions non encore exigibles du budget prévisionnel et des dépenses hors budget prévisionnel

• En annexe, ce document doit mentionner les éventuels procès en cours.

Qui paye les frais d'établissement de cet état daté ?

L'état daté est à la charge du vendeur (article 10-1 de la loi n° 65-557 du 10 juillet 1965 fixant le statut de la copropriété des immeubles bâtis).

Le pré-état daté, c'est quoi ?

Issu de la pratique, le « pré-état daté » donne à l'acquéreur, dès le jour de la signature de l'avant-contrat (ou promesse de vente), une information complète sur les charges qu'il devra régler en tant que copropriétaire. Généralement, le vendeur demande à son syndic de fournir ces informations. La réalisation de ce travail, sous la responsabilité juridique du syndic, est facturée au vendeur.

Source : paris.notaires.fr

Une enseigne commerciale apposée sans autorisation sur un immeuble peut-elle, avec le temps, devenir un droit acquis ?

La justice a tranché cette question ! Quelle était l'histoire ? À l'occasion d'un ravalement, un commerçant a été sommé, par la copropriété, de supprimer ses enseignes apposées sur l'immeuble, ce qu'il a refusé de faire. D'un côté, il était établi que ses enseignes n'avaient jamais été autorisées par la copropriété, mais de l'autre, qu'elles étaient présentes depuis plus de quarante ans, sans jamais avoir été enlevées, sauf pour des besoins de travaux. La justice a alors considéré et précisé que « l'acquisition par l'écoulement du temps ne nécessite pas que les actes de possession aient été autorisés à l'origine ».

En plus, quand il s'agit d'une enseigne particulièrement visible, il ne pourra pas être retenu qu'il s'agit d'une simple tolérance des propriétaires, mais bien d'une acceptation de leur part. Enfin, la justice a rappelé que lorsqu'une activité professionnelle ou commerciale est autorisée dans un immeuble, elle entraîne le droit d'annoncer cette activité à l'extérieur par une plaque ou une enseigne.

Quand on achète dans le neuf, est-ce une bonne idée de gérer son immeuble en syndic bénévole ?

Si vous disposez de beaucoup de temps, de beaucoup de patience, si vous avez le goût des négociations, des expertises, des recours, des tribunaux, alors peut-être est-ce une bonne idée. Dans le cas contraire, il est fortement déconseillé, pour gérer un immeuble neuf, de le faire sous la forme d'un syndicat coopératif ou de syndic bénévole. C'est déjà très compliqué pour un immeuble ancien, et c'est la raison pour laquelle moins de 10 % des copropriétés choisissent l'autogestion. Généralement, ça ne dure pas longtemps.

Dans le neuf, la tâche est tout aussi complexe, puisqu'il faut suivre, aux côtés du promoteur-partenaire, tous les éventuels problèmes liés à la livraison du bâtiment. Il faut parfois se battre pour gérer des malfaçons, des finitions souvent inachevées au moment de la création de la copropriété… Un immeuble neuf a besoin que le syndic lui consacre beaucoup de temps. Il faut notamment être présent aux côtés des entreprises à chaque fois qu'elles interviennent. C'est un travail de relations publics, pour bien informer les résidents de l'immeuble, collaborer avec les équipes du promoteur qui sont à la tâche, mais aussi de négociation et de coordination avec les différents artisans qui doivent intervenir. Il faut à la fois montrer au promoteur qu'il a eu raison de vous nommer syndic provisoire, et aux copropriétaires que vous êtes à la hauteur de leurs attentes. Une belle occasion, surtout, de montrer que syndic, c'est un métier.

Une plateforme de gestion peut-elle vraiment remplacer un syndic ?

La réponse est non, et ceux qui ont pu se laisser séduire par de belles promesses ont pu aussi le regretter après coup ! La loi encadre strictement l'exercice et les responsabilités de la profession de syndic, et personne ne peut s'autodéclarer syndic.

Quand la gestion d'un immeuble est confiée à un syndic professionnel, les copropriétaires bénéficient d'un service, notamment juridique et financier, assorti de garanties. Dans ce cadre, l'ensemble des missions et responsabilités sont déléguées au syndic professionnel, évidemment sous le contrôle du conseil syndical élu par les copropriétaires en assemblée générale. Une copropriété peut aussi choisir l'autogestion, mais tout repose alors sur la bonne volonté, la bonne entente, le temps et les compétences des copropriétaires eux-mêmes.

Des plateformes payantes, à ne pas confondre avec des syndics en ligne qui, eux, ont le droit d'exercer l'activité de syndic, prétendent changer les pratiques et repenser le rapport au syndic. Derrière un discours très séduisant, elles ne proposent en réalité qu'un outil en ligne et une promesse de conseils. Ce ne sont pas des syndics, et tout le travail de syndic reste donc à faire. Par qui ? Eh bien, par les copropriétaires eux-mêmes, qui devront assumer toutes les responsabilités du syndic, notamment juridiques, en plus du contrôle des comptes, de la gestion et du suivi des travaux, des sinistres, de la récupération des impayés, du règlement des conflits devant les tribunaux… Une fois de plus, syndic, c'est un métier !

Lors d'une crise qui oblige à rester confiné chez soi ou à respecter un couvre-feu, peut-on aller prendre l'air dans la cour de son immeuble ou y laisser jouer ses enfants ?

La réponse est théoriquement oui, mais il faut savoir faire preuve de discernement et surtout de responsabilité. Oui, la cour de votre immeuble fait partie d'une propriété privée, donc pas besoin d'attestation pour vous y rendre. Néanmoins, c'est aussi une partie collective, utilisable par tous, qui comporte donc des risques de contamination des uns et des autres. Vous l'aurez compris, le confinement n'est pas une partie de cache-cache avec la police, mais une mise en sécurité de toutes les personnes, pour soi-même, comme pour les autres.

Certains conseils syndicaux ont d'ailleurs interdit l'accès aux cours d'immeubles, d'autres ne se sont pas prononcés. Peu importe. Même si l'accès y est autorisé, à vous d'apprécier si la cour est suffisamment spacieuse, pour y passer un moment, ou si elle est trop petite. Si trop de personnes souhaitent s'y rendre, il faut absolument éviter d'y passer du temps, afin de vous protéger et de protéger les autres.

Accessibilité des logements : quoi de neuf dans le neuf ?

La loi Elan fait bouger les choses et propose de nouvelles mesures pour rendre les nouveaux bâtiments accessibles au plus grand nombre de personnes. En effet, cela concerne les bâtiments dont le permis de construire est déposé à partir du 1er octobre 2019.

Les députés ont modifié les impératifs en matière d'installation d'ascenseurs dans les immeubles d'habitation collective :

• pour des bâtiments à deux étages avec des logements au-dessus ou au-dessous du rez-de-chaussée : l'installation d'un ascenseur est obligatoire dans les parties communes ;

• tous les logements situés au rez-de-chaussée ou desservis par un ascenseur doivent être « évolutifs ». Ces derniers doivent respecter les obligations d'accessibilité et d'usage pour toute personne en situation de handicap, et ce pour la pièce principale et les cabinets d'aisances. Ces logements devront aussi pouvoir être rendus conformes à certaines caractéristiques par le biais de travaux simples n'affectant pas la structure du logement ;

• quelques nouveautés apparaissent également s'agissant de la location des logements. Ainsi, si le locataire est en situation de handicap ou de perte d'autonomie, il peut demander à son propriétaire l'autorisation d'effectuer certains travaux d'adaptation. La loi Elan spécifie que l'autorisation des travaux est tacite dans un délai de deux mois suivant la demande contre quatre mois auparavant.

Comment se crée une copropriété dans un immeuble neuf ?

Vous venez d'acheter dans un immeuble neuf et vous souhaitez connaître les règles de copropriété ? Sachez que les immeubles neufs sont soumis au même régime de la copropriété que les immeubles anciens. Dans un immeuble neuf, la copropriété naît lorsque les travaux sont achevés, dès lors que les ouvrages sont exécutés et que les éléments et équipements indispensables à son utilisation sont installés. L'immeuble est donc considéré comme achevé lorsqu'il est habitable, même si certaines finitions ne sont pas terminées.

Le constructeur nomme alors un syndic provisoire qui aura au préalable été soumis à concurrence. Le syndic de copropriété une fois désigné peut alors prendre ses fonctions. Il met en place les documents de la copropriété avant la vente du premier lot, en créant le règlement de copropriété qui organise et encadre le fonctionnement de l'immeuble. Pour être plus précis, c'est lui qui met en place l'état descriptif de division, afin de décrire la répartition des lots, la quote-part de parties communes qui revient à chaque lot, ainsi que la répartition des charges entre les différents copropriétaires. Dans un premier temps, le constructeur est considéré comme propriétaire de plusieurs lots. À ce titre, il peut être nommé syndic provisoire par le règlement de copropriété, notamment, tant qu'aucune assemblée générale n'a encore été réunie. Si le constructeur a été nommé syndic provisoire ou a nommé un syndic provisoire, une assemblée générale doit intervenir dans l'année qui suit la création de la copropriété, afin de confirmer la nomination du syndic provisoire, ou de nommer un nouveau syndic.

Dans le cas de la vente d'un bien en copropriété, quelles informations fournir à l'acheteur ?

Le propriétaire qui vend un lot de copropriété doit informer l'acquéreur sur les caractéristiques du bien et de l'immeuble où il se situe. Cette obligation est à la charge du vendeur. Toutefois, certains documents spécifiques à la copropriété doivent être annexés à la promesse de vente ou, à défaut, à l'acte authentique.

À l'instar de toutes les ventes d'immeubles, certains diagnostics doivent être annexés à l'acte de vente :

- un état parasitaire datant de moins de six mois portant sur les parties privatives uniquement (dans les zones délimitées par arrêté préfectoral) ;
- un état d'accessibilité au plomb (dans les constructions édifiées avant 1949) ;
- un état des risques naturels, miniers et technologiques de moins de 6 mois : l'immeuble doit se situer dans une zone à risque, délimitée par le préfet ;
- un état mentionnant la présence ou non d'amiante. Il y a un diagnostic fourni par le vendeur pour les parties privatives, par le syndic pour les parties communes ;

• un diagnostic de performances énergétiques qui a une durée de validité de 10 ans ;

• un état des installations intérieures d'électricité quand ces installations électriques ont plus de 15 ans ;

• un état des installations intérieures de gaz quand ces installations ont plus de 15 ans.

Indication de la surface du lot

L'acte de vente doit indiquer la surface exacte du logement, en vertu de la loi Carrez. À défaut, la nullité de la vente peut être invoquée par l'acheteur dans le mois suivant l'acte authentique. Si la superficie annoncée est supérieure de 5 % à la superficie réelle, l'acheteur peut engager une action en diminution du prix proportionnelle. Sachez que la mention de la superficie n'est pas obligatoire pour les caves, garages, emplacements de stationnement et, d'une manière générale, pour les lots ou fractions de lots inférieurs à 8 m^2 ainsi que pour toutes les surfaces situées sous une hauteur sous plafond inférieure à 1,80 m.

Organisation de l'immeuble

Quelle que soit la nature du lot vendu, certains documents concernant l'organisation de l'immeuble doivent être annexés au contrat :

• le règlement de copropriété, l'état descriptif de division et leurs actes modificateurs ;

• le carnet d'entretien de l'immeuble. Il comporte entre autres les coordonnées des assurances de l'immeuble, les travaux importants réalisés avec le nom de l'entreprise qui les a effectués, les contrats d'entretien... ;

• les procès-verbaux des assemblées générales des trois dernières années si le vendeur les a en sa possession.

État financier de la copropriété

Certaines informations relatives à la situation financière du vendeur et de la copropriété doivent être communiquées à l'acheteur :

• montant des charges courantes du budget prévisionnel ;

• montant des charges payées par le vendeur au titre des deux derniers exercices comptables en dehors du budget prévisionnel ;

• sommes susceptibles d'être dues au syndicat des copropriétaires par l'acquéreur ;

• état global des impayés de charges au sein du syndicat et de la dette vis-à-vis des fournisseurs ;

• montant de la part du fond de travaux (s'il existe) rattaché au lot principal vendu et montant de la dernière cotisation au fonds versée par le vendeur au titre du lot vendu.

État daté des charges

Avant la vente, le syndic remet, à la demande du vendeur ou du notaire, un état daté qui fait le bilan des charges de copropriété liées au lot vendu. Ce document récapitule, sous réserve de l'apurement des comptes, les sommes pouvant rester dues par le vendeur au titre :

• des provisions exigibles du budget prévisionnel ;

• des provisions exigibles des dépenses non comprises dans le budget prévisionnel ;

• des éventuelles charges impayées ;

• d'un éventuel emprunt collectif signé par la copropriété ;

• des charges différées restant dues ;

• des avances exigibles.

Il indique par ailleurs et dans les mêmes conditions les sommes dont le syndicat pourrait être débiteur à l'égard du vendeur (avances) ainsi que les sommes qui seront à la charge de l'acheteur.

Enfin, l'état daté indique la somme des charges de copropriété correspondant au lot pour les deux derniers exercices, l'objet et l'état des procédures judiciaires éventuellement en cours (impayés par exemple). Les frais relatifs à l'établissement de l'état daté sont à la charge du vendeur.

Quelles sont les assurances auxquelles doivent souscrire les copropriétés ?

Une copropriété est constituée de parties privatives et de parties communes. Elles doivent être couvertes par deux types d'assurance. L'assurance de la copropriété, qui couvre les sinistres émanant des parties communes et les assurances habitation de chacun des copropriétaires qui, elles, couvrent les dommages provenant de leur logement personnel. Le règlement de la copropriété rend ces assurances obligatoires. Le syndic qui gère l'immeuble a l'obligation de souscrire une assurance responsabilité civile pour le compte de la copropriété. Il peut, en cas de nécessité, souscrire un contrat sans attendre de disposer d'un mandat de l'assemblée générale des copropriétaires. Mais l'assemblée générale pourra annuler ou modifier sa décision.

De son côté, chaque copropriétaire, qu'il soit occupant ou non de son logement, doit l'assurer *a minima* en responsabilité civile. Cette assurance permet de couvrir le copropriétaire lorsqu'un sinistre prend naissance dans son logement et qu'il a causé des dommages à des voisins ou aux parties communes de l'immeuble (exemple : un dégât des eaux). Ainsi, en cas de dommages causés par un sinistre ayant démarré dans une partie privative de l'immeuble, c'est le copropriétaire du logement concerné qui doit faire une déclaration à son assurance.

En revanche, son assurance ne fonctionnera pas si le sinistre a commencé dans une des parties communes, c'est alors l'assurance prise par le syndic de copropriété qui prend le relais.

Le propriétaire bailleur, qui n'occupe pas le logement qu'il met en location, devra souscrire une assurance pour propriétaire non occupant (PNO). Quant au locataire occupant un bien au sein d'une copropriété, il doit évidemment souscrire une assurance habitation, pour s'assurer des éventuels sinistres qui pourraient être causés par son occupation du bien.

2

L'essentiel sur les charges de copropriété

Les charges : voilà un sujet qui mérite bien que nous lui consacrions un chapitre entier ! Les copropriétaires se posent mille questions sur ces fameuses charges et les confondent parfois avec les honoraires du syndic : à quoi correspondent ces charges, qui paie quoi, comment se répartissent les charges entre copropriétaires, qu'est-ce qu'un appel de fonds, comment on paie ses charges ? Pas de panique : dans ce chapitre, nous vous donnons les clés pour comprendre cet univers mystérieux et qui suscite bien des interrogations.

À quoi servent les charges payées par les copropriétaires ?

L'argent des charges versées chaque trimestre ne va pas dans la poche du syndic. Il sert à payer le gardien, le ménage, le chauffage, l'entretien de l'ascenseur, etc. Lorsque des copropriétaires ne payent pas leurs charges, cela met en difficulté la copropriété car le syndic ne peut pas payer les prestataires et/ou les contrats. Pour ne pas pénaliser la copropriété, la loi demande au syndic de procéder au recouvrement des charges, notamment par le biais des relances aux frais du ou des copropriétaires concernés.

Quelles sont les charges de copropriété ?

Être copropriétaire, c'est contribuer à l'entretien du bien commun qu'est l'immeuble. Ainsi, chaque copropriétaire d'un lot (appartement, local professionnel, local commercial) doit contribuer aux dépenses engagées par le syndicat de copropriétaires. Comptablement, « les charges sont les dépenses incombant définitivement aux copropriétaires, chacun pour sa quote-part » (art. 45-1 du décret du 17 mars 1967).

Avant d'être des charges de copropriété, les sommes collectées par le syndic pour le compte du syndicat sont dénommées des provisions, calculées en fonction d'un budget voté annuellement en assemblée générale. Ces provisions sont généralement appelées tous les trimestres. Ce sont les dispositions du règlement de copropriété qui doivent s'appliquer tant en ce qui concerne la définition de ces charges que leur répartition.

Il existe deux types de charges, d'abord celles relatives à la conservation, l'entretien et l'administration de l'immeuble, puis celles entraînées par les services collectifs et les éléments d'équipements communs. Les premières se fondent sur ce que l'on dénomme la valeur relative du lot ; les secondes obéissent au critère dit d'utilité (et non d'utilisation). Cette distinction est fondamentale et a été créée dans un but de protection des copropriétaires. Ces frais sont donc répartis, « proportionnellement à la valeur relative du lot ». Cette valeur relative revêt plusieurs caractéristiques car elle résulte de la consistance (appartement, chambre, cave), de la superficie et de la situation du lot (étage, ensoleillement, tranquillité). Les dépenses du second type sont celles entraînées par les services collectifs et les éléments d'équipements communs. Seuls les copropriétaires qui participent « objectivement » à celles-ci y contribuent. Par exemple, l'ascenseur : lorsqu'un copropriétaire habite au premier étage d'un immeuble, l'utilité objective existe puisqu'il a tout loisir de le prendre pour aller à son appartement. Il ne peut demander à être dispensé de sa participation au motif qu'il prend quotidiennement les escaliers de service. Sans que cette liste soit limitative, voici quelques exemples d'équipements et services collectifs : ascenseur, antenne, chauffage, eau.

Parallèlement à ces charges, et dans une logique de pérennisation de l'immeuble, le législateur a mis en place depuis le 1er janvier 2017 le fonds travaux. Il s'agit d'une cotisation annuelle, représentant *a minima* 5 % du budget annuel. Celle-ci est appelée trimestriellement, en même temps que les charges, et est destinée à financer de futurs travaux. Ces fonds sont placés sur un compte et ne peuvent être utilisés qu'à la suite d'un vote d'assemblée générale. En cas de vente, les sommes cotisées ne sont pas remboursées au vendeur, il convient donc pour ce dernier de les intégrer dans la négociation avec le futur acquéreur.

Comment modifier la répartition des charges de copropriété ?

Un copropriétaire se sentant lésé dans la répartition des charges ou considérant une répartition comme irrégulière devra nécessairement en obtenir la modification ou l'annulation. Tant que le syndicat n'aura pas modifié la répartition, le syndic sera tenu de l'appliquer même si celle-ci est illégale.

L'assemblée générale peut décider de procéder à cette modification. Le principe en assemblée générale pour obtenir une modification de la répartition est l'unanimité (art. 11). Il sera dans la plupart des cas impossible de l'obtenir. Dans ce cas, à défaut d'une décision de l'assemblée générale modifiant les bases de répartition des charges dans les cas prévus aux alinéas précédents, tout copropriétaire pourra saisir le tribunal de grande instance de la situation de l'immeuble à l'effet de faire procéder à la nouvelle répartition rendue nécessaire.

Certaines exceptions tirées du même article existent :

• lorsque la modification de la répartition des charges est rendue nécessaire par des travaux ou des actes d'acquisition ou de disposition décidés par l'assemblée générale. La modification peut alors être décidée à la majorité exigée par la loi pour ces travaux ou actes de disposition ;

• en cas d'aliénation (vente, le plus souvent) séparée d'une ou plusieurs fractions d'un lot, la répartition des charges entre ces fractions est, lorsqu'elle n'est pas fixée par le règlement de copropriété, soumise à l'approbation de l'assemblée générale statuant à la majorité simple de l'article 24.

Une autre disposition figurant à l'article 25 permet une modification de charges en cas de changement d'usage d'un lot. Par exemple, une habitation en profession libérale, et ce même si le règlement de copropriété prévoit ce changement d'usage. Cette modification concerne uniquement les charges entraînées par les services collectifs et les équipements communs. Par exemple, si une profession libérale s'installe à un étage de l'immeuble, l'assemblée générale modifiera les « charges ascenseurs » en appliquant un coefficient majoré (pourcentage décidé par l'assemblée générale) compte tenu d'une utilisation plus fréquente causée par la clientèle de passage.

L'appel de fonds, c'est quoi ?

Charges de copropriété, tantièmes, quote-part, appels de fonds travaux, appels exceptionnels, etc. Pas toujours facile de comprendre les appels de fonds et leurs utilités quand on est copropriétaire.

Les sommes réclamées correspondent aux dépenses engagées par votre copropriété, telles que les frais d'assurance de l'immeuble, de chauffage, d'électricité, d'ascenseur ou encore d'entretien, les impôts et taxes, les salaires et cotisations sociales des salariés du syndicat. Pour faire face à ces dépenses courantes, chaque année, les copropriétaires votent un budget prévisionnel lors de l'assemblée générale. Les sommes correspondantes (provisions) seront appelées, en règle générale, en fin de trimestre. À cela peuvent s'ajouter des appels de fonds et répartitions spécifiques sur des travaux ou dépenses exceptionnelles votés en assemblée générale.

Le législateur a réparti les charges en deux catégories :

• les charges générales sont relatives à la conservation, l'entretien et l'administration des parties communes (assurance, impôts, honoraires du syndic, frais d'avocat...). Les copropriétaires ne peuvent y échapper ; elles sont dues en tout état de cause et sont réparties en fonction d'éléments objectifs (la notion de « valeur relative des lots ») ;

• les charges spéciales sont relatives aux services collectifs et aux éléments d'équipement commun (entretien de l'ascenseur, du chauffage collectif...). C'est la situation concrète de chaque lot qui est prise en considération pour le calcul de ces charges. Elles ne sont dues que dans la mesure de l'utilité effective des équipements ou services pour le lot considéré.

Chaque copropriétaire participe aux dépenses relatives aux parties communes de l'immeuble en fonction de sa quote-part ou du nombre de tantièmes qui lui est attribué par le règlement de copropriété. Cette quote-part est calculée par un géomètre et dépend, entre autres, de la superficie, de la situation et des caractéristiques de son bien. Votre quote-part résulte du calcul suivant : budget voté multiplié par vos tantièmes et divisé par les tantièmes de l'immeuble.

L'assemblée générale des copropriétaires adopte chaque année un budget prévisionnel. Ce budget est établi par le syndic en collaboration avec le conseil syndical. De votre côté, vous recevrez un appel de provisions à la fin de chaque trimestre (soit quatre par an) et la régularisation des charges en fin d'exercice. À cela peuvent s'ajouter :

• des appels de fonds travaux ;

• des appels exceptionnels pour couvrir des frais de procédure ;

• des provisions, des avances ;

• un fonds travaux Alur.

Quelle est la différence entre appel de provisions et charges de copropriété ?

Avant d'être des charges de copropriété, les sommes collectées par le syndic pour le compte du syndicat sont dénommées des provisions, calculées en fonction d'un budget voté annuellement en assemblée générale. Ces provisions sont généralement appelées d'avance tous les trimestres. En fin d'exercice, le syndic procède à la régularisation des charges annuelles (différence entre les appels de provisions réclamés et les dépenses effectivement engagées). Il s'agit de la répartition des charges courantes.

Les appels de provisions sont payables le premier jour du trimestre. Dans le cas de travaux ou d'appels exceptionnels, c'est l'assemblée générale qui déterminera les dates d'exigibilité de ces derniers. Ils seront payables à réception. La régularisation des charges est réalisée dans les six mois qui suivent la date de fin d'exercice comptable.

Le syndic peut demander aux copropriétaires plusieurs types d'avances :

- l'avance de trésorerie fixée par le règlement de copropriété ou votée par l'assemblée générale ;

• des cotisations annuelles afin de constituer un fonds travaux pour faire face à certaines dépenses (loi Alur). Ces avances sont non remboursables en cas de vente. Elles restent acquises au syndicat des copropriétaires.

Comment se décide la répartition des charges ?

Cette question revient souvent en copropriété, et suscite beaucoup d'incompréhension. Il existe deux types de charges : les charges générales, et les charges spéciales :

• les charges générales sont réparties en fonction des tantièmes ou millièmes, initialement attribués aux différents lots, par le règlement de copropriété ;

• les charges générales financent les frais de conservation : travaux, réparations, entretien, notamment le ménage… et les honoraires du syndic. Que vous soyez propriétaire d'un studio, d'un immense appartement ou seulement d'un garage, vous aurez à payer votre quote-part, différente, évidemment, en fonction de votre bien.

Les charges spéciales financent, elles, les services et équipements collectifs. Par exemple, les ascenseurs, ou le chauffage quand il est collectif. Ces charges spéciales sont réparties selon l'utilité potentielle de chaque lot. Par exemple, le propriétaire d'un appartement au rez-de-chaussée n'a pas à utiliser l'ascenseur. Il n'aura donc pas à en supporter les dépenses. Celui qui réside au premier étage en paiera une partie, évidemment inférieure à celui qui occupe un appartement au dernier étage. Et si vous n'êtes propriétaire que d'une place de parking, mais située au 3e sous-sol, alors vous devrez contribuer aux dépenses liées à l'ascenseur qui dessert les parkings. C'est plutôt simple, mais effectivement, la facture n'est pas la même, selon les lots et les usages.

Comment s'y retrouver entre appel de fonds, charges, et honoraires du syndic ?

Que vous soyez propriétaire bailleur, copropriétaire, locataire ou tout cela à la fois, vous payez régulièrement des charges. Elles correspondent aux services dont vous bénéficiez, et varient en fonction des caractéristiques de votre immeuble. Dans un immeuble, les copropriétaires reçoivent chaque trimestre un appel de fonds. Si c'est le syndic qui a la responsabilité de collecter les fonds pour le compte de la copropriété, cela n'est pas la rémunération de son travail. Les provisions collectées par le syndic correspondent au budget voté par les copropriétaires en assemblée générale. Elles servent à couvrir les charges de l'immeuble, dont les honoraires du syndic, pour en assurer la gestion au quotidien. La majeure partie des charges de copropriété (environ 90 %) sert à payer les factures de gardiennage, d'entretien, de chauffage, d'assurance, de ménage...

Lorsque des copropriétaires ne payent pas leurs charges, cela met en difficulté la copropriété car le syndic ne peut plus régler les sommes dues. C'est notamment une de ses missions d'engager toutes les actions nécessaires pour récupérer les sommes dues afin d'éviter à l'ensemble de la copropriété de devoir payer pour les mauvais payeurs.

En cas de décès sans héritier, comment faire pour récupérer les charges et impayés d'un copropriétaire ?

Recouvrir les impayés dans une copropriété n'est pas toujours chose facile. C'est évidemment le travail de votre syndic de s'en charger, afin d'éviter à l'ensemble des copropriétaires d'assumer ces frais qui ne sont pas les leurs. Malheureusement, quand un propriétaire redevable décède et qu'on ne lui connaît pas d'héritier, la situation se complique et peut durer des années.

Pour éviter cela et pour vous aider à récupérer les sommes dues, il faut avoir recours à un généalogiste successoral. Même pour un simple appartement, un généalogiste successoral retrouvera, dans les meilleurs délais, des ayants droit, pour régler l'héritage. Son action permettra la mise en vente de l'appartement, afin de régler les impayés avec une partie du fruit de cette vente. Ces professionnels au service des notaires, mais aussi des syndics, sont présents partout en France, pour résoudre des situations complexes d'héritage et, dans le cas présent, de simples impayés qui peuvent mettre en difficulté une copropriété.

En période de crise, pourquoi faut-il continuer à payer ses charges de copropriété ?

C'est une question essentielle. La réponse est oui, il faut bien continuer à payer ses charges de copropriété. Pourquoi ? Parce qu'il en va du bon fonctionnement de votre immeuble. Les charges permettent de payer l'ensemble des prestations de votre immeuble. Le gardien ou la gardienne si vous en avez, le personnel ou la société de ménage, les travaux, notamment les travaux d'urgence si l'obligation se présente. Payer ses charges, c'est donc permettre le paiement en cascade de tous les prestataires de services qui interviennent en permanence ou occasionnellement dans votre immeuble. Et personne ne peut avancer ou payer à votre place, pas même le syndic : la loi de 1965 interdit ce type d'arrangement. C'est totalement illégal !

Pour payer ses charges, est-on obligé de payer en ligne ?

La réponse est non, il n'y a aucune obligation de payer ses charges en ligne. Mais payer par chèque représente des risques : délais ou perte du courrier, risque de mauvaise attribution du chèque, et oubli de payer. C'est pourquoi le mode de paiement en ligne est privilégié par le plus grand nombre, et il a fortement progressé pendant la période de confinement. Payer en ligne ses charges, c'est simple et sécurisé. Surtout, c'est adapté à toutes les situations.

• Si vous voulez vous simplifier la vie et vous assurer que votre paiement est réglé à échéance, optez pour le prélèvement automatique.

• Si vous souhaitez garder un œil sur vos prélèvements : optez pour le prélèvement à la demande. C'est une procédure aussi simple et sécurisée, mais là, rien d'automatique, c'est vous qui devez déclencher le paiement et donc... bien y penser.

Qui paie les charges de la dernière assemblée générale avant la vente d'un bien ?

Pas de chance : une assemblée s'est tenue trois jours avant que vous n'achetiez l'appartement de vos rêves ! Pas de panique, tout dépendra des charges concernées et de ce qui aura été convenu entre le vendeur et vous-même au moment de la vente. La loi prévoit une répartition des charges lors de la vente d'un bien. Ainsi, la provision exigible du budget prévisionnel sera payée par le vendeur. Par contre, les dépenses non comprises dans le budget prévisionnel incomberont soit au vendeur, soit à l'acquéreur en fonction de celui qui sera propriétaire au moment où ces charges seront exigibles. Dernière chose : le trop ou le moins-perçu sur les provisions qui se ferait jour au moment de l'approbation des comptes sera porté au débit ou au crédit de la partie qui sera copropriétaire au moment de l'approbation.

Pensez à vérifier s'il n'existe pas une clause particulière dans l'acte de vente. Il est parfois prévu dans le compromis que cette répartition légale sera écartée, au profit d'une répartition prévue entre les parties. Le vendeur peut accepter – dans le cadre d'une négociation – de prendre à sa charge la totalité des dépenses hors budget prévisionnel pour un ravalement, quelle que soit la date d'exigibilité de ces dépenses.

3

L'essentiel sur les assemblées générales de copropriété

L'assemblée générale des copropriétaires est l'événement annuel dans toute copropriété. C'est lors de ces fameuses AG que va se décider l'avenir de la copropriété, des gros travaux à engager ou des investissements à prévoir. C'est aussi l'occasion pour les copropriétaires de se rencontrer, de partager un moment de convivialité et de se parler si besoin. L'assemblée générale, pour beaucoup de copropriétaires, c'est aussi l'occasion d'ouvrir le débat, d'échanger des points de vue et de tenter de trouver des solutions à des soucis qui ne manquent jamais de se présenter ! Dans ce chapitre, nous vous expliquons comment réussir son assemblée générale, comment établir un ordre du jour cohérent ou comment se déroule un vote après des mois de crise sanitaire. Nous vous expliquons aussi comment ces AG peuvent se tenir à distance.

Comment bien préparer une assemblée générale de copropriété ?

La réussite d'une assemblée générale, temps primordiale pour une copropriété, tient beaucoup à sa préparation. Contrôle des comptes, travail préparatoire et réunion : voici comment la préparer au mieux.

Être informé, un droit

La convocation à l'assemblée générale s'accompagne de nombreux documents. Certains, soumis au vote, sont obligatoires, comme le budget prévisionnel, le projet de contrat de syndic ou encore la présentation de devis et contrats en cas de projets de travaux. Par ailleurs, chaque copropriétaire dispose d'un droit d'accès aux pièces justificatives de charges supportées par le syndicat dans l'année, pendant le délai entre la convocation à l'assemblée générale et la tenue de celle-ci. Le conseil syndical peut exercer son droit de regard toute l'année.

Des comptes bien contrôlés

Le contrôle des comptes doit avoir lieu deux à trois mois avant l'assemblée générale. Pour ce faire, votre conseil syndical dispose d'un droit d'accès à tout document intéressant le syndicat des copropriétaires (éléments comptables et pièces justificatives comme les factures, contrats...). Ces vérifications sont grandement facilitées lorsque le conseil syndical a pris soin d'ausculter les comptes régulièrement pendant l'année.

Des pièces justificatives bien rassemblées

En cas de projet de travaux, le conseil syndical devra avoir travaillé en amont pour présenter les pièces justificatives nécessaires (nature des travaux, devis en cas de mise en concurrence, plan...). Ces documents devront être envoyés au syndic afin qu'il insère ces résolutions à l'ordre du jour. En leur absence, les résolutions peuvent être entachées de nullité.

Une réunion préparatoire bien organisée avec votre syndic

Celle-ci doit avoir lieu six semaines avant l'assemblée générale. Un projet d'ordre du jour est proposé par le gestionnaire. Parmi les résolutions obligatoires : l'approbation des comptes (ils auront fait l'objet d'une vérification préalable), l'élaboration du budget prévisionnel ou encore le renouvellement du contrat de syndic, si celui-ci arrive à échéance. En cas de résolutions émanant de votre conseil syndical ou d'un copropriétaire, leur rédaction doit bien respecter les préconisations initiales. Des allers-retours entre le conseil syndical et le syndic doivent permettre de corriger les dernières erreurs avant envoi de la convocation.

Les dernières résolutions bien communiquées en amont

Des questions complémentaires à l'ordre du jour peuvent toujours être inscrites. Elles doivent être envoyées suffisamment tôt à votre gestionnaire, car les convocations doivent être envoyées 21 jours francs avant la tenue de l'assemblée générale, c'est-à-dire 23 jours si l'on compte le jour d'envoi et de réception.

Comment établir l'ordre du jour de l'assemblée générale des copropriétaires ?

Une assemblée générale se prépare plusieurs mois avant la réunion. L'affaire concerne tous les copropriétaires en particulier, le conseil syndical ayant un vrai rôle à jouer. Découvrez la marche à suivre pour préparer un ordre du jour efficace.

Un ordre du jour, ça se discute !

Le syndic est tenu de fixer l'ordre du jour en concertation avec le conseil syndical. Cela passe concrètement par une réunion préparatoire, selon les modalités négociées au contrat de syndic. Compte tenu des délais d'envoi de l'ordre du jour (21 jours au moins avant la tenue de l'assemblée générale), il faut contacter le syndic au minimum deux mois avant l'AG. C'est idéal pour avoir le temps d'intervenir sur l'ordre du jour… et ne pas passer à côté des questions essentielles.

Ne pas hésiter à inscrire une question

Ce droit est ouvert à tout copropriétaire, pas seulement aux membres du conseil syndical. Le syndic n'a pas à juger de l'opportunité ou de la validité de la demande. Faire inscrire une question se fait par lettre recommandée avec accusé de réception ou par voie électronique.

Cette demande peut être effectuée à tout moment. Veillez à ne pas agir *in extremis*, juste avant l'envoi des convocations par le syndic. La question risquerait d'être reportée à l'assemblée générale suivante.

Questions précises, gain de temps

Le libellé de chaque question inscrite à l'ordre du jour doit être le plus clair possible. Pour les copropriétaires, c'est l'assurance d'être bien informés sur la portée des décisions à prendre. Pour celui qui formule la question, c'est une probabilité plus élevée d'obtenir une décision favorable. À l'inverse, une formule vague ou ambiguë augmente le risque de voir la délibération rejetée ou remise en cause, sitôt adoptée, par un copropriétaire absent et non représenté en assemblée générale. Or les tribunaux annulent souvent des résolutions jugées obscures, dans le domaine des travaux en particulier.

Se faire représenter, gagner en efficacité

L'abstention, vu l'importance de certains points à voter, est la pire des stratégies. À défaut d'être présent, il est préférable de réfléchir à se faire représenter. Le choix d'un mandataire, en charge de voter pour l'absent le jour J, est libre. Il est interdit de donner procuration au syndic, à son conjoint ou à un de ses employés. Cependant, il est possible de la donner à un membre de sa famille ou à son locataire. Le modèle de pouvoir est le plus souvent joint à la convocation.

Le procès-verbal, à quoi ça sert ?

Le procès-verbal est le document relatant toutes les décisions prises par l'assemblée générale des copropriétaires. Il est l'élément fondamental permettant le fonctionnement de la copropriété. Compte tenu de l'importance du procès-verbal, la loi a prévu un certain formalisme par l'article 17 al. 1 du décret du 17 mars 1967, qui, à défaut d'être respecté, permet de le contester et, ce faisant, de remettre en cause les décisions prises. Pour ne pas être contesté, le procès-verbal doit contenir la date de la convocation, les questions figurant à l'ordre du jour, le nom des copropriétaires présents ou représentés et la date de la réunion et le lieu, l'heure d'ouverture et de clôture de séance.

Le procès-verbal étant le document relatant les décisions prises, il est nécessaire que ce dernier mentionne précisément le souhait des copropriétaires. C'est la raison pour laquelle il doit contenir, pour chaque résolution, l'objet de chaque question et le résultat du vote (avec impérativement le décompte des voix ainsi que la mention des opposants et abstentionnistes). Les sanctions de l'inobservation de ce formalisme sont la nullité. En effet, tout copropriétaire peut contester une assemblée générale si le formalisme du procès-verbal n'est pas respecté.

Plusieurs contestations sont possibles :

• la contestation du procès-verbal en raison de règles de formes impératives. Si le procès-verbal n'est pas conforme, c'est l'ensemble du procès-verbal qui est frappé de nullité ;

• la contestation d'une résolution par un opposant. Si la résolution n'est pas conforme, seule cette dernière est annulée.

Ainsi, il est nécessaire de notifier le procès-verbal par lettre recommandée avec avis de réception à tous les copropriétaires opposants ou défaillants lors de l'assemblée générale. Pour éviter tout blocage de la copropriété, la contestation du procès-verbal doit intervenir dans un délai de deux mois (article 42 al. 2 de la loi du 10 juillet 1965 qui doit obligatoirement être mentionné au sein du procès-verbal adressé aux opposants ou défaillants). Passé ce délai, les décisions prises par l'assemblée générale sont opposables à tous les copropriétaires et deviennent définitives.

Pour faire courir le délai de contestation, il est impératif de notifier le procès-verbal par lettre recommandée avec avis de réception aux copropriétaires opposants ou défaillants. Par ailleurs, le procès-verbal doit être conservé au sein d'un registre en version originale. Ce registre constitue ainsi la mémoire de la résidence et permet d'avoir une vision des actions qui ont été réalisées sur une copropriété, mais également des problématiques qu'elle a rencontrées.

Pourquoi la mise en œuvre des décisions prises en assemblée générale paraît-elle parfois longue ?

Les décisions prises en assemblée générale de copropriété sont immédiatement exécutables. C'est-à-dire que leur mise en œuvre peut suivre le vote de l'assemblée et qu'elle s'impose à tous les copropriétaires, y compris aux nouveaux acquéreurs. Toutefois, pour certaines résolutions votées en assemblée générale, il existe un délai de contestation de deux mois pendant lequel les copropriétaires peuvent s'opposer à la décision. Il est donc impossible de la mettre en œuvre avant ce délai.

L'exécution des décisions relève de la décision du syndic, qui ne peut évidemment pas s'y opposer une fois votées. Il ne peut pas davantage modifier une décision, à la demande de certains copropriétaires, qui ne sauraient lui reprocher, qu'il s'agisse de décisions liées à la gestion de l'immeuble, des opérations courantes ou des travaux.

On dit que les résolutions ouvrent le champ de l'action du syndic, qui a donc autorité, devoir, mais aussi responsabilité d'exécuter les décisions prises par l'assemblée. Afin de pouvoir agir, le syndic dispose de moyens financiers, suite au vote du budget prévisionnel qui l'autorise à procéder aux appels de charges et à régler les dépenses de la copropriété. Le syndic est également habilité à signer les contrats d'assurance, de maintenance, d'entretien de la copropriété.

À la fin de chaque assemblée générale, un procès-verbal de la réunion, est rédigé par le secrétaire de séance. C'est généralement le représentant du syndic qui assume cette responsabilité. Ce PV d'assemblée est ensuite approuvé par la signature du président et des assesseurs, avant d'être adressé à tous les copropriétaires en recommandé. Cette notification ouvre un délai de deux mois, durant lesquels les copropriétaires, notamment celles et ceux qui n'auraient pas été présents à l'assemblée générale, peuvent introduire un recours devant la justice pour demander l'annulation partielle ou totale des décisions adoptées pendant l'assemblée. Tant que la justice ne s'est pas prononcée, les résolutions s'imposent, car ce type de recours n'est pas suspensif et ne peut donc pas bloquer le fonctionnement de la copropriété. Cependant, le syndic pourra, en accord avec le conseil syndical, préférer suspendre ou reporter la mise en œuvre de certaines décisions, dans l'attente de l'expiration d'un délai de deux mois. Quant aux travaux votés en assemblée, sauf urgence ou risque de péril, ils doivent être suspendus jusqu'à l'expiration du délai de contestation de leur adoption.

Pendant une crise, comment préparer une assemblée générale avec son syndic ?

En 2020, avec la crise sanitaire, le gouvernement avait, dès le début du premier confinement, suspendu la possibilité d'organiser toutes les assemblées générales de copropriété. L'assemblée générale pouvait néanmoins, bien évidemment se préparer, à distance. Dans ce cas de figure très particulier, le conseil syndical de votre immeuble et votre syndic doivent continuer à travailler ensemble. C'est aujourd'hui possible et facile avec les outils numériques, pour préparer à distance la prochaine assemblée générale des copropriétaires, discuter de travaux éventuels, gérer de possibles contentieux... L'activité n'est pas du tout à l'arrêt, et le digital permet de garantir cette continuité d'activité.

Même une fois la crise passée, vous pourrez envisager d'organiser à distance votre assemblée générale. La loi le permet depuis l'été 2019. Il suffit à votre syndic d'être équipé de la bonne technologie pour le faire. Attention, l'organisation d'une assemblée générale à distance n'est pas supposée engendrer des coûts supplémentaires. Renseignez-vous bien, avant, auprès de votre syndic.

Comment participer à l'assemblée générale des copropriétaires en cas d'absence ?

L'assemblée générale, c'est un moment important dans la vie d'une copropriété ! Il s'y prend de nombreuses décisions, notamment financières, comme l'engagement de travaux. Mais c'est bien quand on a du temps et quand c'est proche de chez soi. Alors comment y participer ? Le mieux reste de vous y rendre, pour débattre, échanger, proposer, faire avancer les projets de votre copropriété et de ceux qui y vivent. C'est aussi prendre le temps de communiquer avec vos voisins, ce qui n'est pas toujours le cas, alors que la communication permet souvent de créer des relations, si ce n'est plus amicales, au moins plus harmonieuses.

Autre solution : vous pouvez donner un pouvoir à un autre copropriétaire, afin que celui-ci vous représente. Vous pouvez même lui donner des consignes de vote écrites, afin que celui-ci respecte bien vos décisions. Enfin, et c'est nouveau, il y a la participation à distance. Le gouvernement a rendu cette option possible depuis juin 2019. Pour cela, il vous suffit d'en faire la demande à votre syndic de copropriété trois jours francs avant l'assemblée générale !

4

L'essentiel sur les travaux en copropriété

S'il y a un sujet qui fait réagir les copropriétaires, c'est bien celui des travaux, gros ou petits, urgents ou récurrents. Comment on détermine la nature des travaux à effectuer, quel rôle joue le syndic pour permettre aux copropriétaires d'avoir la meilleure information possible sur les travaux et la maintenance de l'immeuble, comment sont sélectionnés les professionnels et artisans qui interviendront sur l'immeuble, que se passe-t-il quand une crise sanitaire se produit et que des travaux spécifiques doivent être lancés pour combattre les virus ? Dans ce chapitre, vous trouverez nos réponses à toutes vos questions côté travaux en copropriété.

À quoi sert le carnet d'entretien de l'immeuble en copropriété ?

Tout immeuble en copropriété doit disposer d'un carnet d'entretien. Ce document répertorie des informations techniques relatives à la maintenance et aux travaux effectués dans l'immeuble. Il doit être réalisé, tenu et mis à jour par le syndic de copropriété. Ce carnet d'entretien doit être consultable sur simple demande d'un copropriétaire auprès de son syndic de copropriété. Il peut également en être demandé une copie, que le syndic de copropriété est tenu de remettre à tout copropriétaire qui en fait la demande, aux frais de ce dernier. Le montant de cette copie n'est pas réglementé, mais doit figurer au sein du contrat de syndic.

Si la copropriété comporte plusieurs bâtiments, un seul carnet d'entretien est prévu, mais le syndic doit y ouvrir un chapitre par bâtiment. En présence d'un ou plusieurs syndicats secondaires, le syndic doit réaliser et tenir à jour un carnet d'entretien pour chacun d'entre eux.

Les informations qui doivent figurer dans le carnet d'entretien sont :

- adresse de l'immeuble ;
- identité du syndic de copropriété en exercice ;

- référence des contrats d'assurance souscrits par le syndicat de copropriétaires avec leurs dates d'échéance ;
- référence des contrats d'assurance dommages ouvrages souscrits pour le compte du syndicat de copropriétaires dont la garantie est en cours ;
- année de réalisation des travaux importants (par exemple, ravalement de façade, réfection de toiture, remplacement de chaudière) et identité des entreprises ayant réalisé ces travaux ;
- référence des contrats d'entretien et de maintenance des équipements communs et date d'échéance de ces contrats ;
- diagnostic technique global ;
- échéancier du programme pluriannuel de travaux décidé par l'assemblée générale des copropriétaires.

Des informations complémentaires peuvent être portées au carnet d'entretien, sur décision des copropriétaires, approuvées en assemblée générale à la majorité simple. Il peut notamment s'agir d'informations relatives à la construction de l'immeuble ou aux études techniques réalisées.

(Source service-public.fr)

Comment utiliser MaPrimeRénov' en copropriété ?

Annoncé le 5 octobre 2020, le dispositif MaPrimeRénov' Copropriété constitue une évolution notable des aides à la rénovation énergétique, notamment par sa dimension collective. MaPrimeRénov' Copropriété est destinée à financer les projets de rénovation globale de copropriétés composées d'au moins 75 % de lots d'habitation principale, et doit permettre le passage à l'acte des syndicats de copropriétaires désireux d'améliorer le confort, la qualité et la valeur de leur patrimoine, tout en réduisant leurs charges énergétiques. Elle est versée au syndicat des copropriétaires, et non à chaque copropriétaire. Ces travaux de rénovation globale, obligatoirement pilotés par un assistant à maîtrise d'ouvrage (AMO), doivent garantir une amélioration significative de la performance énergétique de la copropriété. Le gain de performance minimum est de 35 %, pièces justificatives à l'appui. À noter que les immeubles situés en bord de mer ou en montagne ne sont pas concernés par ce dispositif.

Côté financements, MaPrimeRénov' Copropriété propose de couvrir 25 % du montant des travaux par logement (plafonné à 15 000 €), et 30 % du montant de la prestation de l'AMO (plafonné à 600 € par logement). Il existe également des bonus de 500 € par logement pour les bâtiments basse consommation (atteinte de l'étiquette énergie A ou B) et les passoires thermiques (sortie de l'étiquette énergie F ou G).

Comment protéger sa copropriété contre les virus ?

Les mesures sanitaires préconisées par le gouvernement s'appliquent bien sûr aux immeubles d'habitation. Tout le monde connaît désormais les gestes barrières individuels : se laver les mains, tousser dans le pli de son coude, utiliser des mouchoirs jetables et se saluer sans contact physique. Ces gestes s'appliquent aussi à la vie dans un immeuble, où l'on utilise les parties communes même en période de confinement et où on peut avoir des échanges réguliers avec ses voisins.

Dans un immeuble, il y a deux zones où il convient d'être particulièrement vigilant. D'abord, le hall d'entrée de l'immeuble, car c'est là où il y a le plus de passage et donc un risque plus élevé de trouver des surfaces contaminées par le virus : les poignées de porte, les interphones, les portes elles-mêmes, les boîtes aux lettres, les boutons d'ascenseur… Être en contact avec ces surfaces n'est pas en problème en soi… sous réserve de ne pas porter ses mains à son visage et à condition de bien se laver les mains juste après ! Évitez de laisser des enfants jouer dans ces espaces et, d'une manière générale, ouvrez les portes vous-même pour limiter les contacts de vos enfants avec ces zones à risque. L'ascenseur est également une zone à risque, car non seulement il y a des surfaces potentiellement contaminées, mais également une forte probabilité de se trouver nez à nez avec un voisin ou une voisine dans un endroit exigu. Lorsque c'est le cas, mieux vaut monter ou descendre en solo, et renvoyer l'ascenseur ! On peut également emprunter l'escalier, ce qui permet de faire un peu d'exercice. On peut parfaitement prendre l'escalier et tenir la rampe si on en a besoin. Par contre, il faut éviter de se toucher le visage, et se laver les mains dès que possible.

Pour éviter une transmission du virus dans ces deux zones sensibles, on peut procéder à une désinfection avec un biocide adapté qui permet de tuer le virus. Mais faire une désinfection est surtout utile lorsque cela est fait de façon préventive et très régulièrement. Car il suffit qu'une personne contaminée passe quelques heures plus tard pour que la zone ne soit plus saine. De plus, ce n'est pas parce qu'une zone a été traitée qu'il devient inutile de se laver les mains, ou de respecter les autres consignes.

Face aux abus dans les prestations de désinfection des immeubles, que faire ?

Alors que les demandes de désinfection se multiplient en période d'urgence sanitaire et que de nombreux acteurs vantent leur expertise sur Internet, le risque d'abus est réel, avec des prix parfois multipliés par vingt. Pour faire désinfecter son logement ou son immeuble correctement, il faut trouver un prestataire compétent, et s'assurer de payer le juste prix. Sur le premier point, mieux vaut faire appel à une entreprise spécialisée qui bénéficie du label 3D (dératisation, désinsectisation, désinfection). C'est un sujet sérieux, qui demande aux équipes un grand professionnalisme dans le choix des techniques et des produits.

Une bonne façon de faire une première sélection est de cibler des entreprises de maîtrise des nuisibles, car la désinfection fait partie de leur expertise. On peut aussi interroger le prestataire sur l'équipement qu'il compte utiliser, sur son mode opératoire, ou sur les moyens de protection mis en place. Vous verrez vite s'il est en mesure de proposer par écrit des choses concrètes et précises, ou pas.

Tous les produits biocides ne se valent pas. Tout d'abord, demandez à votre prestataire s'il utilise un produit nettoyant ou un produit bactéricide/virucide. Même si les deux prestations sont utiles, elles ne sont pas comparables. S'agissant des biocides, nous n'avons pas encore assez de recul pour déterminer quels sont les produits les plus efficaces contre la Covid-19 par exemple. Mais il serait logique de privilégier les biocides qui ont donné de bons résultats lors de précédentes épidémies de coronavirus comme la grippe H1N1. Mieux vaut également choisir des biocides homologués pour des environnements sensibles comme les hôpitaux ou les maisons de retraite. Dans le cadre d'un devis, mieux vaut demander au prestataire d'indiquer par écrit quel type de produit virucide il s'engage à utiliser. Vous pourrez ensuite trouver quelques informations utiles sur Internet.

Par ailleurs, il existe différentes façons de procéder à une désinfection. Une société qui n'est pas experte en désinfection va proposer de faire un nettoyage de la zone, en utilisant des produits de nettoyage classiques ou de simples lingettes. Ce n'est pas inutile, mais ce n'est pas non plus une intervention de désinfection à proprement parler. Les professionnels de la désinfection, eux, vont utiliser des procédés plus sophistiqués, des produits biocides adaptés, des moyens techniques tels que des vaporisateurs ou pulvérisateurs, et mettront en œuvre des protocoles précis. S'il est bien équipé, le prestataire sera en mesure de choisir les méthodes le plus adaptées à un environnement donné.

En ce qui concerne la crise sanitaire, elle est telle que les prestataires doivent être à la hauteur des enjeux.

En aucun cas il ne faut profiter de la détresse des gens ou faciliter la tâche de ceux qui seraient tentés de le faire. En moyenne, une intervention de désinfection par pulvérisation dans un hall d'immeuble coûtera autour de 150 € TTC. Pour un immeuble complet d'une surface de 1 000 m², le budget devrait se situer entre 600 et 800 € TTC. Si on vous demande plusieurs milliers d'euros, méfiez-vous !

Que faire en cas de dégât des eaux ?

Vous êtes victime ou responsable d'un dégât des eaux ? Pas de panique. Dans la majorité des cas, ces sinistres sont couverts par votre assurance habitation. Voici quelques conseils sur la marche à suivre en cas de sinistre, parce qu'il n'est jamais facile de s'y retrouver.

Trois cas de sinistres existent :

- le sinistre s'est produit chez vous et seule votre habitation a été endommagée ;
- le sinistre s'est produit chez vous mais votre habitation et celle d'un tiers ont été endommagées ;
- le sinistre s'est produit chez un tiers et a endommagé votre habitation.

Il vous faut tout d'abord supprimer la cause du dégât des eaux. Si l'eau vient d'un autre logement ou des parties communes, alertez au plus vite le voisin, le gardien, le gérant ou le syndic. Si vous êtes à l'origine du sinistre, prenez contact avec tous les voisins impliqués. Vous allez devoir rapidement remplir, avec chacun d'eux, un constat amiable de dégât des eaux. Si vous ne savez pas d'où vient la fuite, il vous faut procéder à une recherche de fuite, renseignez-vous préalablement auprès de votre compagnie d'assurances. Si celle-ci provient des parties communes, prévenez immédiatement le syndic ou votre gérant qui se chargera de faire réaliser les recherches nécessaires.

Si vous passez par une expertise : conservez les justificatifs de réparation de la fuite, ne jetez aucun objet, même s'il est encombrant ou vous paraît définitivement dégradé. L'assureur et l'expert en auront besoin pour estimer les dommages. Ne remettez rien en état avant le passage de l'expert ou l'accord préalable de votre assureur et pour laisser aux surfaces inondées le temps de sécher. Faites la liste des dégâts occasionnés dans votre logement (revêtement mural ou de sol) et pensez à récupérer les justificatifs prouvant la propriété et la valeur des biens endommagés.

Sachez que les réparations de plomberie ne sont pas prises en charge par la garantie Dégât des eaux. L'assureur ne rembourse que les conséquences du sinistre, pas la réparation de sa cause (joints, robinets, accords...). Le propriétaire ou le locataire a pour obligation de la réparer, faute de quoi un nouveau sinistre ayant la même origine ne sera pas couvert. Les dommages dus au mauvais entretien d'un appareil, à l'humidité ou à la condensation ne sont pas garantis.

Que vous soyez victime ou responsable d'un dégât des eaux, les démarches de déclaration du sinistre sont les mêmes. Dans tous les cas de figure, votre compagnie d'assurances doit être prévenue afin d'intervenir pour défendre vos intérêts et vous donner des indications précieuses sur la prise en charge de votre dossier.

Le syndic peut-il se passer de l'accord des copropriétaires pour effectuer des travaux urgents ?

Pour commencer, rappelons les missions du métier de syndic, ou de gestionnaire de copropriétés. La loi du 10 juillet 1965 prévoit que le syndic a l'obligation d'administrer l'immeuble, c'est-à-dire de pourvoir à sa conservation, à sa garde, à son entretien et, en cas d'urgence, de faire procéder à l'exécution des travaux nécessaires à sa sauvegarde.

Mais à quel moment y a-t-il urgence ? Quand l'immeuble est susceptible de devenir impropre à sa destination, c'est-à-dire que le bâti n'est plus étanche ni à l'air, ni à l'eau. C'est aussi le cas s'il y a un réel enjeu de sécurité pour les occupants, comme un trou dans un mur qui donnerait directement accès sur l'extérieur. Le gestionnaire de l'immeuble, au nom du syndic, doit alors se rendre dans l'immeuble, pour poser un diagnostic et informer le conseil syndical, les copropriétaires et les occupants en toute transparence. Le syndic, qui est supposé bien connaître l'immeuble qu'il gère comme son historique, sera en mesure de proposer les réparations nécessaires. À partir de là, oui, le syndic peut engager des travaux en cas d'urgence, et en parallèle convoquer une assemblée générale dans un délai dit réduit (de 8 jours) pour entériner les appels de fonds nécessaires.

En période de crise, de nombreuses questions se posent à propos des interventions quotidiennes ou d'urgence dans les immeubles. Qu'en est-il ?

Dans les circonstances exceptionnelles liées à la crise sanitaire, les syndics de copropriété se sont organisés pour assurer la continuité des prestations au nombre de trois :

• les prestations dites régulières ou contractuelles. C'est-à-dire la sortie des poubelles, le nettoyage des parties communes, ou le contrôle et la maintenance des équipements de sécurité incendie ou de l'ascenseur. Le syndic doit s'assurer que le travail est bien réalisé ;

• ensuite, les urgences comme une fuite d'eau ou de gaz. Évidemment, le gestionnaire de votre immeuble doit engager une intervention, s'assurer que l'entreprise choisie est capable d'intervenir dans le contexte actuel. Et, attention, ne soyez pas collé à un plombier qui intervient pour vérifier son travail. Pour lui, comme pour vous, il faut respecter les gestes barrières et distances de sécurité ;

• enfin, les interventions qui ne présentent pas de caractère d'urgence. Par exemple repeindre une cage d'escalier ou créer un abri à vélos. À l'occasion du premier confinement de 2020, par exemple, ces interventions ont été reportées. Elles ont été depuis rendues à nouveau possibles.

Pour effectuer des travaux dans mon immeuble, dois-je faire un repérage amiante ou pas ?

Le RAAT est l'acronyme de Repérage amiante avant travaux. Il concerne les immeubles bâtis dont le permis de construire a été délivré avant le 1er juillet 1997. Depuis 2019, tout propriétaire ou mandataire qui commanderait des travaux en parties privatives comme en parties communes ont l'obligation de réaliser ce repérage d'amiante pour rechercher, identifier et localiser les matériaux et produits contenant de l'amiante. Il a pour objet de protéger les travailleurs et occupants du bien ou de l'immeuble des risques d'exposition et d'inhalation des poussières d'amiante, mais aussi de prévenir la dispersion environnementale des fibres d'amiante.

Si le RAAT mentionne la présence d'amiante durant les travaux, des précautions conformes à la réglementation en vigueur seront mises en place par la ou les entreprises formées intervenant pour protéger les travailleurs et occupants éventuels des risques d'exposition à l'amiante et assurer la gestion et le traitement des déchets du chantier. Le coût du RAAT est établi selon l'envergure et la complexité des travaux. Des sanctions financières sont prévues en cas de manquements à cette obligation.

5

L'essentiel sur les nuisances de voisinage

Vivre en copropriété réserve parfois bien des surprises ! Tout le monde ne vit pas au même rythme, ne partage pas les mêmes passions pour la musique, le bricolage ou encore la cuisine. Vivre en copropriété demande des efforts à chacun d'entre nous pour éviter que les nuisances ne deviennent de véritables conflits entre voisins, qui empoisonneront la vie de toute la copropriété. Entre les chiens qui aboient toute la journée, les fortes odeurs de cuisine, les talons de la voisine du dessus, les cours de batterie du petit dernier du voisin de palier, les mauvaises habitudes de stationnement du jeune homme du premier, les voisins du deuxième qui semblent adeptes de la vie naturiste jusque sur leur terrasse ou ceux du troisième qui étendent leur linge au balcon, les cas sont si nombreux que l'on pourrait écrire tout un ouvrage sur les nuisances de voisinage ! Dans ce chapitre, nous vous proposons de découvrir les règles pour mieux vivre ensemble la copropriété et des cas concrets pour illustrer notre propos.

Quelle différence entre un tapage diurne et un tapage nocturne ?

Il y a tapage diurne quand il y a troubles ou nuisances sonores causés au voisinage, entre 7 heures et 22 heures, et tapage nocturne, quand l'excès de bruit à lieu entre 22 heures et 7 heures du matin. Pour qu'il y ait tapage, il faut qu'il y ait à la fois intensité, durée et répétition d'une perturbation ou nuisance sonore. Si vous devez exceptionnellement faire du bruit, prenez le temps d'en informer vos voisins, idéalement bien à l'avance. Cela leur permettra éventuellement de prendre des dispositions. Au minimum, ils apprécieront que vous ayez pris le soin de les prévenir.

Si vos voisins, eux, font du bruit en permanence, au mépris de votre tranquillité, et de votre santé, il y a tapage et vous pouvez agir. En cas de non-respect de votre tranquillité, la démarche amiable est la plus simple, et une bonne communication sera toujours préférable à de mauvaises relations. Encore faut-il que le fauteur de troubles soit de bonne foi. Cela peut parfaitement être le cas, par exemple quand un chien seul aboie toute la journée. Son propriétaire ne l'apprendra que si un voisin veut bien l'en informer.

Si la démarche amiable est un échec, il y a possibilité de porter plainte, pour tapage diurne ou nocturne. Dans ce cas, il ne vous appartiendra pas de mesurer vous-même le bruit, mais simplement à de le signaler et de le faire constater par la police. Le contrevenant risque une amende immédiate de 68 à 180 €. Si le bruit répété est constaté par huissier, l'amende peut aller jusqu'à 450 €, et certains matériels, comme des enceintes, des instruments de musique, une tondeuse à gazon ou un marteau-piqueur, peuvent être confisqués. Enfin, le tapage peut aussi causer des préjudices, notamment sur votre santé. Dans ce cas, il faut saisir la justice pour une demande de réparation. Si l'estimation du préjudice est inférieure à 10 000 €, il faut saisir le tribunal d'instance. Si elle est supérieure, c'est le tribunal de grande instance qui est compétent.

Ai-je le droit, dans mon immeuble, d'accrocher du linge à ma fenêtre ou à mon balcon ?

Suspendre son linge à une fenêtre ou sur un balcon est une question qui concerne les zones urbaines. C'est effectivement en ville que la question se pose, et qu'elle peut être sujette à conflits de voisinage, ou à verbalisations. Le plus souvent ce sont les arrêtés municipaux, les règlements de copropriété ou les baux de location qui précisent une interdiction de faire sécher du linge à une fenêtre ou sur un balcon, s'il est visible de l'extérieur. L'interdiction peut être limitée aux dimanches et jours fériés. Cela répond, en général, à des raisons d'hygiène, de sécurité, souvent d'esthétique, même si le linge étendu participe au charme de certains quartiers de villes du Sud.

Au final, à vous de vous renseigner s'il existe une réglementation locale, d'une part, c'est-à-dire un arrêté municipal, et une réglementation spécifique à votre copropriété, d'autre part. À cette occasion, vous découvrirez peut-être que vous n'avez pas le droit de mettre des bacs de fleurs à vos fenêtres, ce que vous faites pourtant depuis des années. Quant aux locataires, s'il y a interdiction, elle doit figurer dans le bail de location.

Même si cela diffère en fonction des réglementations, l'interdiction porte souvent uniquement sur la visibilité du linge suspendu. À vous, donc, de faire sécher votre linge, sur votre un balcon ou sur une terrasse en vous assurant que cela ne soit pas visible de la rue.

Le chien de la voisine aboie tout le temps. Que faire ?

Votre nouvelle voisine vient d'emménager et elle possède un chien qui, malheureusement, aboie beaucoup. Vous vous demandez quels sont vos recours ? Sachez que si certains propriétaires font figurer une clause interdisant les animaux de compagnie de peur de voir leur bien abîmé ou de recevoir des plaintes du voisinage, dans les faits, le propriétaire ne peut pas l'interdire, sauf quelques exceptions.

Que votre voisine soit dans une location meublée ou non, le propriétaire de celle-ci ne peut pas l'empêcher d'avoir un animal de compagnie et elle n'est d'ailleurs pas tenue de l'informer de l'arrivée de Rex chez elle. Par contre, le propriétaire peut interdire à son locataire de posséder un chien de catégorie 1 ou un NAC (nouveaux animaux de compagnie), qui recouvre une large catégorie d'espèces : poissons, rongeurs, reptiles, etc. Cependant, votre voisine doit veiller à ce que Rex n'abîme pas les parties communes et qu'il ne gêne pas les voisins d'immeuble par ses fréquents aboiements. Pour mémoire, le tapage nocturne commence à 22 heures jusqu'à 7 heures du matin et, dans le cas d'un trouble anormal de voisinage, le propriétaire pourrait engager des poursuites après vous avoir intimé par courrier de faire cesser le bruit.

Que se passe-t-il face à un stationnement gênant en copropriété ?

Un copropriétaire ou un locataire (à plus forte raison un tiers) ne peut garer n'importe où son véhicule, sans autorisation des autres copropriétaires ou du bailleur. Le syndic peut d'ailleurs agir en référé, pour obtenir l'enlèvement du véhicule. Les copropriétaires ou les locataires, par l'intermédiaire du syndic ou du gérant, peuvent également solliciter l'intervention des services de police ou de gendarmerie dans les conditions décrites ci-dessous.

Dans l'hypothèse d'un stationnement abusif prolongé (7 jours), le titulaire de l'emplacement (propriétaire ou syndic) peut engager une procédure pour demander la mise en fourrière du véhicule. Le Code de la route ne s'appliquant pas au sein de la copropriété, vous allez pouvoir faire procéder à l'enlèvement d'un véhicule laissé sans droit dans ces lieux en adressant la demande à l'officier de police judiciaire territorialement compétent (commissariat). Pour ce faire, prenez des photos pour constater les faits.

Ensuite, soit vous connaissez l'identité et l'adresse du propriétaire du véhicule, auquel cas vous le mettez en demeure de retirer son véhicule puis vous transmettez à l'officier de police judiciaire votre requête (justification de mise en demeure, avec demande d'avis de réception, d'avoir à retirer son véhicule dans un délai de 8 jours à compter de la date de réception). Ce dernier vérifiera, avant de prescrire la mise en fourrière, l'identité du propriétaire du véhicule. Soit vous ne connaissez pas le propriétaire, auquel cas vous demandez à l'officier de police judiciaire d'identifier le propriétaire du véhicule et c'est ce dernier qui prescrira la mise en fourrière après avoir vérifié que le véhicule n'a pas été signalé comme ayant été volé.

La meilleure solution est malgré tout de mettre en place des « stop-parks ». Cette solution ne nécessite aucune décision d'assemblée générale, dans la mesure où le montage et le démontage ne portent pas atteinte au gros œuvre et permet à chaque copropriétaire ou occupant de ne pas se faire « squatter » son emplacement de stationnement.

Comment gérer des encombrants abandonnés dans une copropriété ?

Sur la question des encombrants et de leur éventuel dépôt sauvage ou abandon dans les parties communes d'une copropriété, il y a plusieurs informations à retenir.

Il ne faut pas confondre des encombrants avec une poubelle. La poubelle est supposée pouvoir être manipulée par une personne seule. Sa sortie pour la collecte, comme son retour dans un local au sein dans la copropriété, est de la responsabilité des personnes qui en ont la charge, généralement gardien/concierge/prestataire de service. Les encombrants ne peuvent pas être abandonnés, pas plus dans des parties communes que sur la voie publique. Leur enlèvement se fait en fonction de la réglementation locale et des services municipaux organisés ou pas (collecte régulière, sur rendez-vous, dépôts en déchèterie...).

Mais les incivilités imposent parfois de gérer la présence d'encombrants abandonnés. Il y a plusieurs cas possibles. Si ces encombrants sont sur un emplacement privatif, par exemple une place de parking, alors personne n'a le droit d'agir, pas plus le syndic que le gardien, car cela serait considéré comme du vol. En revanche, si les encombrants sont sur des parties communes, le syndic doit évidemment agir. S'il est dans l'impossibilité d'identifier les déposants indélicats pour les mettre en demeure d'évacuer leurs déchets, il lui appartient d'organiser, au frais de la copropriété, l'évacuation de ces encombrants, toujours dans le respect des règles de collecte mises en place par la municipalité.

Que risque-t-on vraiment en cas de dépôt sauvage d'ordures ménagères ?

Un dépôt sauvage est un acte malveillant qui affecte directement l'environnement et le bien-vivre ensemble. Rappelons que les particuliers ont aujourd'hui à disposition des bacs ou des containers à portée de main, qui facilitent le dépôt de leurs ordures ménagères, voire qui permettent le tri sélectif. Ils peuvent ainsi respecter les conditions de remise de leurs déchets en fonction de leurs caractéristiques et de leurs jours de ramassage organisé et planifié tout au long de la semaine. Ces conditions sont fixées par arrêté du maire ou du représentant de l'établissement chargé de la collecte : lieu de dépôt des déchets, organisation de la collecte et remise en déchetterie.

Dès l'instant où des déchets sont abandonnés sur la voie publique ou dans la nature, on considère qu'il y a dépôt sauvage, qui peut être sanctionné. Dès l'instant où un dépôt de déchets ne respecte pas les conditions de remise fixées par la réglementation en vigueur, ce dépôt peut également être sanctionné. Par exemple déposer un sac d'ordures ménagères dans un container destiné à la collecte du verre. Selon le type déchet et la façon dont il est déposé, le contrevenant peut être sanctionné, soit par une simple contravention, soit par une peine d'emprisonnement de deux ans, accompagnée d'une amende de 75 000 €.

Peut-on empêcher un copropriétaire de faire des travaux le dimanche ?

Vous avez des travaux à faire dans votre appartement et vous êtes contraint de bricoler le dimanche. Quels sont vos droits ?

Entendre le marteau ou la scie sauteuse le dimanche matin lorsque l'on habite en copropriété peut facilement agacer vos voisins, il est donc toujours préférable de réaliser ses travaux en tenant compte de la gêne que vous pourriez occasionner. Sachez que la loi encadre ces pratiques et que votre règlement de copropriété peut également les rappeler : est considéré comme du tapage diurne un bruit répétitif, intensif et qui dure. C'est par exemple le cas d'une perceuse.

Les heures pendant lesquelles il est possible de faire du bruit, comme le bricolage le dimanche, sont donc encadrées par les autorités préfectorales et municipales. Généralement, c'est entre 10 heures et midi. En dehors de ces horaires, vous ne pouvez pas bricoler bruyamment. Sinon, vos voisins peuvent appeler la police. Vous encourrez alors une amende forfaitaire pouvant aller de 68 à 180 €, mais également des poursuites judiciaires.

Il reste toujours possible de s'entendre avec ses voisins. À condition que cela reste exceptionnel. Vous pouvez donc leur demander l'autorisation de faire exceptionnellement du bruit, et pour cela, vous pouvez passer par votre syndic de copropriété. Vous l'aurez compris, seul un accord amiable et préalable peut vous permettre de déroger à la loi sans risquer des sanctions. Mieux vaut donc prévenir en mettant un mot dans le hall vous excusant par avance de la gêne occasionnée, même si les travaux sont réalisés pendant les horaires autorisés : cela pourrait vous éviter quelques problèmes de voisinage.

Plusieurs des rubriques de ce livre ont pu être rédigées grâce aux informations de références publiées sur foncia.com, paris.notaires.fr, tech-way.com et service-public.fr